리프레쉬

송 엘

글·그림

그대여, 사랑하라!
그대여, 인내하라!!
그대여, 소망하라!!!

GNP BOOKS

추천의 글

송엘의 시집 《리프레쉬》의 출간을 진심으로 축하합니다. 제1집 《리턴》이 출간된 지 얼마 안 됐는데 벌써 제2집을 출간하다니…! 원고 뭉치와 함께 추천사를 부탁받고 솔직히 깜짝 놀랐습니다. 가정에서 아내와 어머니로, 직장에서 교사로, 그리고 교회에서는 권사로 맡은 일이 과중할 정도인데 이렇게 많은 시를 쓴 것이 정말 놀랍습니다. 마치 누에고치에서 실을 계속 뽑아내듯이 시를 뽑아내나 싶을 정도입니다. 그렇게 뽑고 또 뽑지만, 값싼 헝겊이 아니라 값진 비단을 짜고 있으니, 감탄을 금할 수 없습니다.

송엘은 사랑의 시인입니다. 창조주 하나님에 대한 사랑, 사람에 대한 사랑, 그리고 자연에 대한 사랑을 노래합니다. 일상에서 인상적인 장면을 포착하면 그 순간을 놓치지 않고 셔터를 누르는 사진작가처럼 시 한 편 한 편이 명장면입니다. 혹은 언어로 그리는 그림이라고 표현해도 좋을 정도로 형상화된 시가 통째로 마음의 문을 열고 들어오는 느낌입니다.

송엘은 삶에 대한 따뜻한 시선을 갖고 있습니다. 시구마다 강렬하지 않지만 품 안으로 들어오는 따뜻한 봄기운 같은 내음이 배어 있습니다. 그 안에 담긴 인생의 교훈은 독자로 하여금 공감하게 하고 고개를 끄덕이게 합니다. 그리고 반짝이는 위트는 절로 미소를 짓게 만듭니다. 특별히 3부에 수록된 시에서는 그의 영혼에 충만한 신앙심이 물씬 풍겨납니다. 시 한 편이 마치 설교 한 편인 듯 감동적인 메시지가 함축되어 있습니다. 그렇다고 대놓고 하는 설교 풍이 아니라 자신을 포함한 모든 사람에게 설득하고 호소하는 우아한 어조로 노래하고 있습니다.

송엘의 시집 출간을 다시 한번 축하하며, 이 시집을 읽는 독자들이 시 한 편 한 편을 음미하며 읽을 때 몸과 마음이 리프레쉬(refresh)되어 상쾌한 삶을 살아가기를 바랍니다. 오늘날 현대인들이 분주한 일상 가운데 몸과 마음이 얼마나 고단합니까! 그 모든 이에게 이 시집이 반가운 원기 회복제가 되면 얼마나 좋을까 간절히 소망해 봅니다.

2025. 4. 11.
신반포교회 담임목사 홍 문 수

1부 그대여, 사랑하라

하우스	9	월요병	34
벚꽃	10	야생마	35
싸리꽃	11	AI 응원	36
삶의 찬미	12	상대성	37
연둣빛 순	13	리시안서스	38
결정 장애	14	여름 장	39
새내기	15	빵빵	40
보리 똥	16	이상한 날	41
도둑	17	우렁각시	42
목련	18	응원, 응원!!	43
신발	19	어느 오월	44
공개수업	20	마카롱	45
머무는 꽃	21	한 여름밤	46
우울증	22	산책	47
예의	23	낮잠	48
혼동	24	느지막한 사월	49
K-장녀	25	매점	50
잉여 인간	26	상위 1%	51
고요	27	밤톨	52
생떼	28	배웅	53
하루살이	29	순대국밥	54
변덕	30	정적	55
용돈	31	어반스케치	56
모순	32	로마자 시계	57
어린 엄마	33		

2부 그대여, 인내하라

감사 노트 1	61	안전문	85
감사 노트 2	62	울렁증	86
Memento mori	63	열매	87
바비인형	64	회귀	88
무브 머니	65	나침반	89
사랑 타령	66	파동	90
입소식	67	라일락	91
눈치	68	늪	92
만선	69	씸플 쏘 씸플	93
모조품	70	불면증	94
내 약점	71	돼지우리	95
버킷리스트	72	걱정 인형	96
희비	73	트리거	97
요술 램프	74	고장 난 시계	98
호밀밭	75	고슴도치	99
축구공	76	가장 슬픈 것	100
모소 대나무	77	우연과 필연	101
무일푼	78	뚱딴지	102
스펀지	79		
구닥다리	80		
취객	81		
터널	82		
펌프질	83		
시궁창	84		

3부 그대여, 소망하라

주인	105	큰 용사	131
왜???	106	foreshadow	132
장대비	107	빈 방	133
죽은 자	108	전과 후	134
낙점	109	비둔한 자	135
빅픽쳐	110	지팡이 한 자루	136
눈엣가시	111	나봇 포도원	138
실오라기	112	죽음	139
빚쟁이	113	양날의 검	140
파랑새	114	저승사자	141
WHO ARE YOU?	115	저주	142
대면	116	깨뜨리소서!!!	143
1+∞ 〉〉〉〉〉 10-∞	117	선한 이웃	144
구유	118	가난	145
Great Commission	119	난공불락	146
웨이팅	120	토로	147
지금은	121	계주	148
Cast	122	참새 두 마리	149
살구 열매	123	빼박	150
천성문	124	종착지	151
빈 그릇	125	중대 질문	152
계획된 노예	126	천국의 그림자	153
총체적 합작품	127	세상 끝에는!!!	154
방주	128		
광야	129		
회개합니다.	130	감사의 글	156

1부

그대여, 사랑하라

하우스

온종일
만신창이

따끈한 된장찌개
윤기 좌르르 계란찜

마음에 번져오는
따스한 불빛

문 열자마자
두드리는 손길

가고 싶다.
어서 가고 싶다.

집으로,…

벚꽃

분홍빛 솜털 이불이
하늘에서 펄렁이며 내려온다.
쏟아지는 눈발에 쌓이는 눈꽃
넋 놓은 채 얼어붙은 발길

벚꽃이 난생처음이란 유학생

드넓은 사막 검푸른 밤 쏟아지는 은하수 같으려나.

보고 싶다.
나도.

싸리꽃

밥을 대충 밀어 넣고
황급히 빠져나온다.

향내 진동하는 하얀 꽃
싸리꽃?
조팝나무?

만개한 솜털 뭉치 앞에서
돌연 벌어진 설전.

너도 몰라.
나도 몰라.

열띤 토론에
박장대소 산책길.

최고 만족도의 시간.

삶의 찬미

누추함은
겸손을 집 짓고

무능력은
쇠고집을 꺾으며
무릎 꿇고 기도한다.

커다란 슬픔에
꾹꾹 쟁인 눈물을
실컷 털어버리고,

용서해야만
깊은 잠이 들 수 있어
출렁이는 분노를 다독인다.

연둣빛 순

죽어 보이는 땅
죽어 보이는 나무

생기 잃은 하늘

삐죽이 튀어나온
여리디여린 연둣빛 순

전초전의 선전포고인가.

무수한 꽃들로
봄의 향연을 벌일 태세 완료.

결정 장애

고르곤 졸라? 마르게리타?

토마토 파스타? 크림 파스타?

이리저리 바쁜 손

원산지도 확인하고
칼로리도 따져보고
더치페이 계산까지 했는데

재료 소진이랍니다.

헐,…

새내기

히피펌
발그레한 볼

가지런히 꽂은 진주알 핀

설레는 눈빛 속
불안이 묻어나는 입매

MZ세대

예상했던 실망 속에
예기치 못한 기쁨도
곳곳에 숨겨져 있으니
보물찾기를 잘 해봅시다.

보리 똥

졸린 눈에 대충 씻고
모래알 밥을 삼키고
새벽 공기를 맞으며 일터로 종종걸음.

오늘만 보장받은 이 지구에서의 삶.

하얀 솜털 수국도 감탄스럽고
붉은빛 보리수 열매도 대견하다.

살며시 따서 씹어본다.
여전히 시고 떫은 맛
햇살 가득한 마당에
주렁주렁한 보리 똥
서로 키 재며 따먹었지.

그러네.
그런 시간을 잊고 있었네.

도둑

그만두라 눈치 준대.
매상이 많이 줄었대.
힘준 눈망울 붉더니
기어코 그렁그렁한 눈물

네 잘못도,
사장님 잘못도 아닐 텐데….

깊숙이 꼬불쳐 놓은 사임당 한 장
기어코 빛을 보는 마법.

두 눈 뜨고도 당하는
깜찍한 도둑

자식.

목련

화사한 벚꽃에
목련이 이미 저버렸음을 알았습니다.

봄비에 떨어진 흙빛 목련이 슬펐고,
무더기로 우아하게 날개 편 목련은
콩닥콩닥 설레게 했습니다.

이제야 비로소
멍울진 봉우리 아래 소복이 피어날 목련을
목 빠지게 기다리고 있습니다.
손님맞이 못 했던 지난 시간을 아쉬워하며

세월을 많이 살았고,
그만큼 늙어버린 내가 있습니다.

신발

"어매나, 어매나.
강아지가 신발을 신었네."

"아이고, 좋은 세상이여.
우리 때는 배곯지 않으려고 들로, 산으로…."

빨강, 노랑 깔맞춤 바람막이
챙 넓은 모자에 풍성한 뽀글뽀글 파마
왕눈이 선글라스.

휙휙 바람을 가르며
수다 속에 묻어가는 할머니들.

공개수업

성가 합창 끝난 아이.
"애썼네."
토닥임에 머쓱해진 아이.

유별난 엄마.

초등학교 공개수업에
일하느라 못 올 줄 뻔히 알면서도
두리번대며 찾았을 아이.

혹여 깜짝쇼처럼 모습 보일까
뒷문 연신 보며 목 빠지게 기다렸을 아이.

이미 커버린 아이에게 유난스러워 보여도
그 시절의 미안함을
조금이라도 덜어낼 수만 있다면.

머무는 꽃

일하는 이유?

세월에 순응하며
피었다 지는 한 송이 꽃과 같으려나.

보는 이 없어도
철 따라 꿋꿋이 피는 꽃.

떨어지는 꽃잎조차

더 머물고파

풀잎 위에 살포시 앉아
또다시 빨간 꽃을 피우고 있지 아니한가!

우울증

파릇한 산나물, 풍성한 쌈 채소,
때깔 좋은 과일이 매일 불러댄다.
서둘러서 줄 서지 않으면
그 많은 것이 순간 사라진다.

"한 바구니에 오천 원"
새벽부터 목청 올려 부르는 고함에
자주 놀래기도 하지만 부지런함에 더 놀란단다.

커다란 장바구니에
뜨끈한 땀이 흘러내리고
불끈 다리에 힘을 주느라
우울증 걸릴 여유도 없단다.

예의

걷는 건지, 뛰는 건지
앞꿈치부터 내디딘다.

밥도 먹여야지, 과제도 챙겨야지.
옷도, 신발도….

떨리는 손발,
머리마저 어지럽다.
저혈당 쇼크

아이야, 에너지바라도 물고 가렴.
한 끼 늦어도 별일 없다.
뒤꿈치부터 천천히, 천천히.

뛰지 마라.
삶에 대한 예의가 아니다.

혼동

엄마가 이모이고,
이모가 엄마인 줄 알았다네.

농담인 줄 알았더니 진담이네.

아들처럼 돌봐준
맘 씀씀이에 울컥하는 고마움.

버틸 수 없는 피곤함에
재우기 바빴던 워킹맘.

쓰라린 눈물이 왈칵
내내.

K-장녀

언니 방은 네 개다.
제멋대로인 방, 겁 많은 방
고집 센 방, 애잔한 방

돌아가면서 혹은 한꺼번에 울렁대는 방

떵떵거리는 부자는 아니어도
큰 일 없이 하루하루 잘 살아주길
바라는 어린 동생들.

호기로운 삶 뒤편에는
소리 없는 기도 방패막이 있음을,
알아주면 고맙고,
몰라도 어쩔 수 없고….

언니는 엄마와 닮았다.

잉여 인간

발목 인대 파열에 건초염까지
손발이 꽁꽁 묶였다.

눈알만 데굴데굴
몸도 뒹굴뒹굴

넓지도 않은 거실을
몇십 바퀴째 돌고 있다.

머릿속은 잔뜩 엉키고
마음은 답답한데, 사방에 흐르는 적막감.

도대체
쉬는 법을 어디서 배워야 할까요?

고요

비 온 뒤 한여름 운동장

훌쩍 자라버린 잡초
빗방울 머문 루드베키아
파란 하늘 든 물웅덩이
귀퉁이에 잠자는 축구공

쓱싹쓱싹 문제 푸는 소리
살짝 웃는 소리에
화들짝 놀란 졸던 아이
눈빛도, 말투도 순딩한 아이들

치켜세웠던 눈매가 내려앉고
어느새 나도 순딩해진다.

생떼

갑작스러운 폭우에
교문 앞에서 우산을 들고
목 빠지게 기다리신다든지.

지친 몸으로 들어서면
무거운 책가방 받으며
별일 없냐고 다정하게 물어봐 주신다든지.

참으로 사소하고 하찮은 것들이
내 마음을 꽉꽉 차오르게 한다는 것을
아직도 이해하지 못하시는 듯.
너무도 힘겨운 삶을 숨차게 버텨 오시느라
생각지도 못한 자식 마음.

너무도 어이없는 생떼에 분노까지 하시지만
자식 마음이 그러하다니 어찌합니까.
머리로는 이해하지만
마음에는 그래도 하찮은 잔상들이 그립다는 것을.

하루살이

일목요연한 플래너.

일주일,
한 달,
일 년,
십 년….

계획된 통장 입출금
빽빽한 버킷리스트

이 삶이 영원할 줄….

곯아떨어져
다시 눈뜰 때까지는
어떤 이도 장담 못 하는 것을.

변덕

내리쏟는 폭우에
허겁지겁 창문을 닫는다.

넘치는 물줄기에 달리는 구급차
별일 없기를 기도하며
잠시 끄적이다가 눈 들어 보니
그새 거실 한가득 건너온 뜨거운 햇살.

"동남아 날씨네."

말이 끝나기도 전에
휘모는 비바람이 또다시 몰려온다.

우리네 삶이 마치 이러지 아니한가?
오르막, 내리막, 오르막,···

용돈

휴게소에서
맛난 호떡 사 먹으라며
기어코 움켜주는 오만 원권 한 장.

중년인데 여전히 어린 딸.
차 조심, 불조심, 사람 조심.
끊임없는 잔소리

불난 호떡 가게.

이 모두는
그 누군가의
사랑스러운 아이들.

모순

이른 아침 공원 벤치에
불편한 다리로 털썩 주저앉는다.
터져 나오는 한숨 소리
"아버지 하나님, 감사합니다."

백발 머리, 깊이 팬 주름에 잔잔함이 있다.
건강이 좋아지신 걸까?
자녀에게 기쁜 소식이 온 걸까?

"아이고, 내가 못 살아. 어서 죽어야지."

목욕탕, 노래교실로 바쁘신데도
아침저녁으로 입에 달고 사시는 그 분
돌아가실 시간도 없으실 만큼 바빠 보이시는데.

어린 엄마

보채는 애 손에 끌려간 놀이터
바삐 뛰노는 아이

애 키우는 것도,
살림 꾸려가는 것도,
많은 것이 처음이라
서툴면서 버겁기만 하다.
몸도, 마음도 아프다.

눈물 훔치며 보니
활짝 웃어주는 아이

힘차게 살아야 할 이유는 천 가지, 만 가지
삶의 고단함을 모조리 삼켜버리는 아이

월요병

월요일 1교시 수학

앞뒤로, 좌우로 흔들거리는 머리
눈도, 머리도 멍하다.
온통 졸리다.

월요병은 인류의 난제

졸음과 감히 겨루는
엉성한 쇼에 배시시 웃어주며
한쪽 눈을 부릅뜨고
그래도 간신히 졸음 대답해 주는

착한 아이들.

야생마

진동하는 폰을 급히 집어 든다.
주저리주저리
다행히도 별일은 없네.
중요한 용건은 맨 끝에 나오겠지.
한정판 옷 사게 돈 빌려 달라네.
군 월급 나오면 갚는다고

아이고야
그래도 사랑스러운 목소리

머니….

날뛰는 야생마에 끌려
만신창이 삶이 되기 전에
그를 지배하고 네 수하로 길들여라.

선저축 후지출!!!

AI 응원

"삐"
"행복하세요"

이른 새벽 미어터진 개찰구 뒤로
스마트한 AI 목소리

행복하고 싶으면 아직도 노력해야 해?
내 노력 부족인 거야?

힘들면 그냥 울어버리자.
꾹꾹 최면 걸지 말고

한바탕 쏟고 나면
마음도, 삶도 훨씬 가벼울 텐데.
녹아버린 얼음에 상큼해진 레몬차 마냥.

떠나왔던 자리로 돌아갈 상큼한 용기는 덤.

상대성

감독 시간 50분
간헐적 숨소리,
살며시 내딛는 걸음조차 움찔.

시계가 멈췄다.
그저 숨만 쉬며 끝 종을 기다릴 뿐.

브런치 먹다가
약속 시간 늦었다며
황급히 나가는 아이.

찰나처럼 흘러버린 시간.
홀로 남아 되새김질하는 수다.
마냥 아쉬운 마음.

리시안서스

묵직한 무게로
벽면에 빼꼼히 기울인 액자
보랏빛 머금은 하얀 꽃이
무성한 초록 잎사귀 사이로
여리여리 엉켜있다.

'변치 않는 사랑'

채색과 덧칠로 지새웠던 시간이
같이 슬퍼하고 기뻐했던 시간이
오롯이 흘러내리고 있다.

선물.

여름 장

드센 향 풀풀 나는 넓적한 깻잎도,
산 냄새 진동하는 짙푸른 산취도 담는다.

울퉁불퉁 멋대로여도 즙 가득한 오이,
얼음 동동 오이냉국도 좋고,
따끔대는 볼에도 좋지.
보랏빛 광택 나는 가지,
불 햇살 묻혀온 홍고추,
장마에 버텨 준 상추도.

아이고, 영락없이 또 무겁네.

분홍빛 배롱나무 아래
쭉 뻗쳐오른 접시꽃.
그래도 한번은 쓰다듬고 가자.
불볕더위에 대견도 하지.

빵빵

밤새 술푸고
PC 게임으로 달리다가
돌아가는 새벽길

피로에 풀려 버린 눈
휘청대는 발걸음.

마음은 공허하고
영혼은 탈탈 털리고.

점점
더 깊은 나락으로 가는 중.

이상한 날

늦은 점심,
캐리어를 끌고 뒤에 서신 할머니
차 시간 빠듯하다며 혼자냐고 연속 물으신다.

쿡쿡^^
같이 합석도 좋지 뭘.
셀프 반찬 챙기고 끝인사도 드리고.

카페에 털썩 앉으니
중년분이 같이 앉을 수 있냐네.
찰나 가득 차 버린 카페

아이고, 커피마저
모르시는 분과 같이 마신 날.

우렁각시

자고 나면
대문 앞에 놓인
양파, 소금, 귤….

오랜 세월 노동으로
서고 앉기도 버거운 엄마.

어려서부터 내내
엄마 빈구석을 메꿔 온
말 없는 효자.

우렁각시
우리 막둥이

응원, 응원!!

상기된 얼굴에 서린 긴장감.
숨죽임 속에 굴러가는 펜 소리.

고1 첫 시험인데
한 줄로 찍고 엎드린 아이.

50분 내내 자야 하는데….

기나긴 인생에서
너만이 갈 수 있는 길이 있단다.
깊이 묻힌 보화를 꺼내 갈고 닦는 것은 오로지 네 몫.

땀과 성실의 친구가 너를 잘 도와줄 거야.

어느 오월

사그락사그락
간지럽히는 바람에
내내 흔들리는 연둣빛 잎사귀

"날씨가 너무 좋아요."

정적을 깨운다.

맘 바쁜 고3이어도
바람 따라 마음도 흐르나 보다.

무슨 말로 응수해야 할까?
쓸데없는 생각에 잠기며 가만히 책을 펼친다.

"좋은 날씨네." 하면 될걸.

마카롱

하늘빛, 핑크빛, 보랏빛
살며시 집어도 바사삭 부서져 버린다.

"워매나, 먹잘 것도 없이 뭐가 이리 비싸다냐?"

"프랑스 왕후가 즐겨 먹었다는데, 당연히 비싸지."

"시상에나, 귀한 것."

노동의 단어도 몰랐을 좋고도 좋았을 인생.

스무 살에 시집와 새끼들 굶길까 밤낮 노심초사.
일 안 하면 죽는 줄 알았던 울 엄마.

한 여름밤

불볕더위가 잠시 주춤한다.

검푸른 하늘에
흰 구름이 떼로 몰려다니며
듬성듬성 날 새는 불빛에
개 짖는 소리가 시골 같다.

창을 뚫고 들어온다.
덥지도 차갑지도 않은 27℃ 바람.

향취, 형체는 없어도
방 안 가득 머무는 치즈 크림 같은 친구.
사각사각 지지미 이불 속 끈적대던 살갗도 뽀송하다.
바람 소리를 세다가 깊은 잠에 빠진다.

열대야가 무색한 밤.

산책

먹기도 귀찮아.
숨쉬기조차 귀찮아.

귀찮아.
귀찮아.

게으름의 덫
우울의 늪

무거운 몸을 얼러
따스한 햇볕에 데려가자.

멍때려도 좋다.

낮잠

처서가 지났는데도
연일 찜통.

육천 원짜리 동치미 물냉면
픽업해 오느라 벌게진 이마에 흐르는 땀방울.

흡족한 배로 한숨 자러 가는 남편.
클래식이 자장가인지 소파에 잠들어 버린 딸.

집 안 구석구석이 잠 연기에 취한다.
입대 아들 생각하다가 잠시 기억을 잊는다.

온통 잠에 잠기운 집.

느지막한 사월

벚꽃 나무 밑에 가득한 눈송이
분홍빛 눈꽃.

밤새 돋았는지
연둣빛 이파리로 무성한 가지
햇살에 반짝이며 뒤엉켜 버린
눈꽃과 이파리가 춤을 춘다.

옅은 웃음으로
벚꽃 향연의 끝을 보고 있는
할머니는 이미 알고 있다.

존재감도 없던 꽃사과나무가
눈부신 하얀빛으로 올 다음 주인공임을.

매점

길게 늘어선 줄,
수다 삼매경.
어린 손님으로 한가득

십 분 안에 화장실도 다녀오고,
헐레벌떡 서 있다.
쇠도 씹어먹을 나이.

올라간 입꼬리에
최애 과자를 안고 번개처럼 튀는 아이들.

오 층 건물 통째로 순식간에 적막하다.

상위 1%

댄스 홀릭으로 재롱 배틀이더니
짜장면을 볼에 묻히며 중얼거린다.

다시 태어나도 만나면 좋겠대.
잘 키웠다며 자화자찬까지.
상위 1% 부모님이라네.
1등급 중에서도 최상위 1등급이 아닌가?

매운 국물에 울컥대더니 기어코 사레가 들렸다.

재빨리 물컵 내미는 뽀얀 손.

부족했던
엄마, 아빠를 잘 봐줘서 고마워♡♡

밤톨

그늘진 얼굴을 보면
종일 걱정이 앞선다.

터덜터덜 웃음에는
내내 마음이 새털 같다.

휘황찬란한 보석도
아들 미소 하나만 못하다.

모자라도 한참이 모자란다.

밤톨 같은 아들.

배웅

이 세상을 떠난 자리.

많은 사람들이 찾아온다.

예의상, 도리상 오기도 하고,
상주를 위로하고자 오기도 하고

상실의 고통에 사무쳐
통곡하는 이들의 눈물은
이미 떠나 버린 이와 쌓아 온
사랑의 흔적이요, 기억이다.

나 떠난 자리에
뜨거운 눈물을 누가 흘려줄거나?

순대국밥

늙수그레한 두 분이 주거니 받거니
귀에 쏙쏙 들어오는 커다란 음성.

"중3 아들이 더 커."
"아이고, 좋겠네."
"좋기는. 자식이 커 간다는 건
그만큼 내가 늙어 없어진다는 거지."

억지로 쓸쓸한 척해도
흐뭇함을 숨길 수는 없으시네.

일감이 작년보다 줄었다며
내내 아들내미 학원비 걱정.

정적

사방이 막혔다.
전부가 멈췄다.
끝없는 반복 행동.

새벽 군가에 기상해
고된 훈련을 마치고
취침 방송에 눕는다.

홀로 남은 밤.

과거의 지친 나를 보듬고,
불투명한 앞날을 위해 용기를 저축하는 시간

첨이자 마지막이길 바라는 고요.

어반스케치

긴 세월 양가 부모님 케어하고,
애들 독립시키고.

이제야 비로소
어반스케치를 시작한 언니.
연신 까르르 웃음소리.
너무 재미있다네.
손녀 돌봄이 한창임에도
쉬지 않는 펜 놀림,
끊이지 않는 손녀 자랑.
고운 색채에 묻어나는 음성지원

"별거 아냐, 다 잘될 거야."

흘러간 고된 시간이 준 쉼.

로마자 시계

진녹색 가죽 밴드,
작은 원에 로마자 숫자.

엄마 취향을 어찌 이리도 정확히 꿰찼을꼬.

코 묻은 돈 모아 모아서 내미는 생일 선물
동그란 원 속에 머금는 장난기 얼굴들.

관 속 가지런히 놓인 손목이
비록 말라비틀어졌어도
이 시계를 빼진 말아다오.

천성문 들어가는 날까지
너희 사랑을 안고 가련다.

2부

그대여, 인내하라

감사 노트 1

비 갠 하늘에
양털 구름으로 강아지 만드시고,

달마다 순서 맞춰
각양각색 꽃들을 피우시고,

무성한 나무들이 엉킨
짙푸른 그늘로 숨어들면
시원스러운 풀 향기,

어딘지도 모를 곳에서
내내 불어오는 청량한 바람,

붉은빛 단풍 맞이에 벌써 또 설레게 하시니

감사드립니다.

감사 노트 2

아침이면 눈 뜨고,
밤이면 깊은 잠에 빠지게 하시고,

오장육부 일도 신경 안 써도
착오 없이 작동하게 하시고,
배우지 않았어도
날숨과 들숨으로 쉼 없게 하시고,

연약한 살갗,
미세한 신경,
단단하지 못한 뼈로
하루의 고된 노동을 거뜬히 견디게 하시니

감사드립니다.

Memento mori

시간을 구속하라.

세월을 아끼라.

당신 삶이 지금 끝난다 해도
전혀 이상한 일이 아니다.

내일은
누구에게도 열려있지 않은 영역.

인생은 원래 그런 것이었다.

임시로 맡겨진 것.

"죽음을 기억하라"

바비인형

꽃길은 마치 바비인형.
간절히 원하며 갈구하지만
허상에 머무는 예쁨.

호랑이, 악어, 독사가 노리는
정글의 삶에서
끼니를 먹어야 하루를 버티고,
한 걸음 보폭은 겨우 센티미터로
심히 유약한 존재.

수많은 어려움을 만나며
하나님을 찾고 간절히 기도하게끔

그렇게 만드셨다.

무브 머니

빼곡히 정리한
월별 지출, 저축 명세서
종목별 투자 손익

알트코인도 사고,
로또도 사고.

돈 흐름의 물꼬를 터
움켜쥐고자 했던 짠한 흔적.

숭배는
돈이 아닌
오직 하나님만 되게 하소서.

사랑 타령

온통 사랑 타령
목매는 사랑으로 넘치는 밤거리
움켜쥘수록 한 줌의 바람,
뿌연 신기루.

무릎 꿇은 고요한 밤
뒤엉킨 감정선을 타고 흐르는 눈물

소중함, 애틋함, 그리움,
간절함, 미안함, 고마움….

자식을 통해 배워간다.
하나님 사랑을….

사랑의 실체로 가득한 이 밤.

입소식

애써 무표정한 아들
우렁찬 손 경례 후에 돌아선다.
배낭 멘 굳어진 어깨.
수많은 까까머리 동기 속
점점 작아지는 아들.

금세 저 멀리 건너편에
가지런히 정돈한 훈련병들.

저 멀리에서 보고 있을 아들.
무엇이 기다리고 있을지 몰라
두려움에 떨고 있을 아들.

만유의 주님이시여
우리 사랑하는 아들을
암탉 품속의 병아리처럼 건강하고 안전하게 지켜주소서.

눈치

대부분이 그렇게 생각하고,
떼 지어 몰려간대도
다수결로 반드시 옳은 것은 아니다.

하나님 말씀은
넓고 평탄한 대로가 아닌,
협착한 좁은 길이니.

어떤 모양으로 살든지
다수의 세상을 거스르며
거룩한 부담감을 져야 한다.
외로움, 비웃음, 어쩌면 죽음까지도.

소돔과 고모라 성에서
비웃음으로 일관했던 수많은 무리를 기억하라.

현재 나의 자리는
내 가치와 신념을 담은 연속된 내 선택의 축적물.

만선

던질 곳도 많고,
잡을 고기도 많은 끝없는 바다.

거부의 꿈으로
밤낮 쉼 없이 던지는 그물.

언젠간 대박이 터지겠지.

묵직한 무게
만선의 꿈.
참을 수 없는 웃음.

찢어진 그물에
걸린 잡동사니 물건들.

모조품

SNS 뒤져
빽빽하게 메모한 삶의 지침서

진품 같은 모조품

우스꽝스러워 보여도
시간이 갈수록
눈부신 광채를 발하는
흙 속에 묻힌 보화

예수를 아는 것

가장 고상한 지식

진리와 생명의 유일한 길.

내 약점

나 자신을
너무 믿거나 믿지 못한다.

내가 가진 것을
과대평가나 과소평가한다.

모두가 상대적임을 자주 까먹는다.

돈의 힘에
쉽게 굴복하거나 하찮게 여긴다.

건강이 지속되며
지금의 삶이 영원할 줄로 믿는다.

버킷리스트

재테크 성공으로
일과는 영영 담쌓고

이구아수 폭포, 빙하 크루즈에 오르라,
별 쏟는 사막 캠핑을 꿈꾸지만
결국엔 부자 백수일 뿐.

매일 매일
성경 한 장 묵상에, 삼십 분씩 기도하자.

주님이 지금도 일하고 계시고
또한 우리에게 일하라 명하셨으니,
오래 일할 수 있는 건강을 기도하자.

매일의 지겨운 일들이
한없이 게으른 내 영혼을 살리고 있지 않은가!

희비

가진 것 없이
몽땅 볼품없어도
그리스도의 영이 계시면
온 천하보다도 귀한
영생을 가진 자요.

돈, 외모, 인기, 권력,
모두를 가졌다 한들
그리스도의 영이 없다면
장차 하나님 나라에서
벌거벗은 수치로 드러나
어두운 음부로 쫓겨날 자.

요술 램프

램프 속에 가둬버린 하나님

제멋대로 살다가
다급할 때 허겁지겁 소환하는 요정
금세 귀찮아 또 꽁꽁 가둬버리고.

온 우주에 편만하신 하나님께 가당키나 한가?

졸지도 주무시지도 아니하시고
온 땅을 두루 감찰하시는 분.

진정 하나님을 두려워하는가?

눈앞의 절대 군주보다
보이지 않는 하나님을 두려워했던 히브리 산파들처럼.

호밀밭

파수꾼은 없다.
그 어디에도 진정한 어른은 없다.

나이를 먹어가도
쌓여야 할 지혜 대신
쪼글쪼글해진 피부와
잔뜩 젊은이인 마음뿐.

정작,
자신의 길을 몰라 헤매는 노인들로 가득한 거리.

주님,
눈먼 자처럼 갈팡질팡
나아가야 할 바를 모르는 나의 손을 놓지 마소서.

축구공

많이 가진 자는
돈으로 포장하여 얼렁뚱땅 넘어가고,
적게 가진 자는
민낯을 그대로 드러내 몰매를 맞으나,
악한 본성이 터전이니
엎치나 메치나 악의 길에 발 빠른 종족들.

강렬히 하고 싶을망정
결코 안 되는 것은
저 멀리 하늘로 축구공 차듯 뻥 차 버리자.

너무도 하기 싫지만
반드시 해야만 하는 것은 꾹꾹 하자.
그것이
나를 살리고,
내 가족을 살리고,…

모소 대나무

모소 대나무를 아는가?

내내 3cm로 꿈쩍없다가
두세 달 안에 15미터까지 자라난다.

뿌리를 깊고 넓게 내리기에
4년이나 필요했던 것.

당장 없어질 풀도 그리 준비하는데
생명을 전할 제자 훈련은 두말하면 잔소리요.

아들을 마음 판에 새기신 하나님.

수십 년의 세월 속에 일 초도 착오 없이
예정하신 뜻대로 이뤄 가실 주님을 바라봅니다.

무일푼

생각하고
또 생각하라

나는 누구인가?
무엇을 위해 살고 있는가?
내 끝은 어디를 향해가는가?

고요 속에 찾아온 수많은 물음표를 애써 떨쳐버리며
술에 홀릭하는 자는 필경 영혼을 빼앗기리니,

인생의 밑천이 무일푼임을 자각하게 된 순간은
너무 늦어버렸는지도 모른다.

죽음의 문턱에서 낙원 허락받았던 강도처럼
백척간두의 기회가 오지 않는 한.

스펀지

오랜 세월
밤새우며 애썼어도
구멍 숭숭 엄마.

쏟아부을수록
더 줄줄 새는 스펀지.

주님,
나의 악함과 약함을 불쌍히 여기시고
사랑하는 아이들에게 긍휼을 베푸소서.

여호와의 선하심을 맛보아 알게 하소서.
두렵고 떨림으로 구원을 이루게 하소서.
천성문을 향해가는 나그네임을 기억하게 하소서.

구닥다리

편협된 구닥다리 고대 신화인가?
허무맹랑하고 조잡하고
그럴싸한 눈속임에는 잘도 넘어가더라.

냉철한 이성과 매서운 눈매로
처음부터 끝까지 한 번은 읽어보겠는가?
영원한 생명 약속이 있기에
천 번이고 만 번이고 그럴 만한 가치가 있지 아니한가?

첫 구절은
"태초에 하나님이 천지를 창조하시느라."이고
마지막 앞 구절은
"내가 진실로 속히 오리라"이지.

내 이성과 감성으로는 감당할 수 없기에
오로지 성령님의 임하시는 은혜로만
진리를 보고 만질 수 있으리.

취객

영혼을 빼앗고자
재미난 것을 끊임없이 만들어 낸다네.

이 세상 어둠의 권세자, 사탄.

하나님을 망각하며 잘 먹고 잘살 수 있도록.

언뜻 보면
이 세상은 액티브한 천국인 양 속으며 살고 있지.

유통기한 한정

세상에 잔뜩 취할수록 잃어가는 하나님 나라의 자취.

터널

끝없는 어둠

어둠이 짙어질수록
더욱 가까워지는 바닥.

습기로 가득 찬 동굴
굉음처럼 울리는 물방울 소리

바닥에 머무는 게
영원할 것 같아도,

순간 나타난 출구에
어안이 벙벙한 채
드넓은 하늘로 날아오르면
전혀 상상치 못했던 세상이 펼쳐있다.

바닥 치는 시간을 견뎌야 하는 이유.

펌프질

올랐다 내렸다.
제멋대로 널뛰는 혈압

심장에서 힘차게 몰려 나가
마디마디 끝까지 임무를 마치고
재충전으로 복귀하는 대열

심장이 수십 년 동안
이리도 분주한 줄 몰랐네.
내 몸 안에서.

무한대 심장의 펌프질 누가 작동시켰는가?

육체를 만드신 주인

시궁창

퍼내도,
퍼내도 시궁창
악취와 더러움의 뿌리.

언제쯤 깨끗한 물이 솟아나려나?

그리스도 안에서
새로운 피조물로 접붙임되게 하소서

제 마음의 악한 뿌리를 제하시고
선함이 터를 잡게 하소서.

주님의 선함으로 충만케 하셔서
세상에서 구별된 자가 되게 하소서.

안전문

계단을 구르다시피
헐레벌떡 달려갔는데
코 앞에서 닫혀버리는 문

혹시나 다시 열릴까?
실낱같은 바람을 갖고
기다려 보지만 무참히 가버린다.

천국 문이 한번 닫히면
주님 외에는 열 사람이 그 어디에도 없으니.

활짝 열려있을 때
재거나 망설이지 말고 어서어서 들어갑시다.

울렁증

혼자여도
같이해도
불안, 또 불안.

건강이, 직장이,
노후가, 자녀가,
망가지는 지구마저도.

불안 울렁증

끝없이 출렁이는 다리

하나님의 도우심을 바라보며
한 걸음씩 내디디는 수밖에.

열매

좋은 나무가
좋은 열매를 맺으며

나쁜 나무가
나쁜 열매를 맺어

가시 엉겅퀴에서
탐스러운 사과가 열릴 리 없으니

모든 행위가 기록된
주님의 최후 심판대 앞에서
유구무언이라네.

회귀

수천 킬로 바다를 헤엄쳐,
급물살 계곡을 솟구쳐 올라,
보금자리를 트는 연어

회귀 본능.

우리도 돌아가야 한다네.
평생에 누려왔던 모든 것을 내려놓고.

하나님과
그 외아들 예수 그리스도가
온전히 통치하시는 영원한 본향으로

나침반

바늘이
어디를 향하고 있는가?

하나님 말씀인가?
성공과 쾌락인가?

출발은 차이가 미세할뿐더러
훗날 떵떵거리며 더 잘사는 것 같기도 하지.

어느새
두 방향의 끝은
무한대로 멀어져 서로 건너갈 수 없다네.

육체와 영혼의 영별
영원한 생명과 상급

파동

고저가 급격하게 때론 잔잔하게
빠르기도 하고 혹은 느리게
변함없는 주기로 퍼져간다.

시기와 미움의 파동.
용납과 위로의 파동.

방사선형으로 퍼져나간다.

내 파동은 무엇을 싣고
무한대로 출렁거리며 흘러가고 있는가?

라일락

아찔한 향에 흠칫 멈춰 선다.
수많은 조향사가 담았던 아리아리한 향
보랏빛으로 배어버린 체취.

있는 그대로 파고드는 향기.

세상 사람을 따라 살다가는
이도 저도 아닌
어설픈 싸구려 향으로 버려지는 존재.

그리스도인.

우아한 향기에 끌려
눈 속에 파묻힌 매화를 찾듯 숨길 수 없는 이들.

늪

거대한 늪에 빠져
점점 더 깊이 가라앉는다.
아차, 발버둥 쳐도 더 깊은 진흙 수렁뿐.

이 끈적이는 늪에서
무엇을 간절히 찾고 있나요?

친구.
알코올.
게임.
약물.

세상을 이기신 주님만이
세상이 줄 수 없는 평안을 주십니다.

씸플 쏘 씸플

구원은 오직 믿음으로

누구에게나 있는 마음 문을 열고
누구에게나 있는 입으로 고백하는 일
어린애들은 누구나 하는 일

의심의 눈초리를 잔뜩 흘기며
강철 문으로 꼭꼭 잠근 황소고집.

만유의 통치자 하나님께는
누구도 천지 분간 못 하는 갓난아기뿐일 텐데.

"이르시되 진실로 너희에게 이르노니 너희가 돌이켜 어린아이들과
같이 되지 아니하면 결단코 천국에 들어가지 못하리라"

불면증

군에 있는 아들
문득문득 걱정이다.

선임과 잘 지내는지.
후임과 잘 지내는지.
임무 수행에 별일 없는지.

그리움은 뒷전,
오만가지 염려에 빠져든다.
속절없이 깊어지는 밤,
근심에 짓눌린 영혼.

오직 기도로 주님의 긍휼을 의지할 뿐.

"나의 사랑하는 아들의
모든 짐을 주님께 맡깁니다. 아멘."

돼지우리

지나치는 이만
코 틀어막고 고개 돌릴 뿐.

똥오줌 범벅에
먹고 자고, 토하고 뒹굴고.
더러움을 모르는 돼지.

멸망 받을 죄인임을 알 턱 없지.
태어날 때부터 그랬으니.

성령님이 마음에 임하시면,
토하고 또 토하고 싶을 만치,
더러운 죄인임을 보게 되지.

죄악으로 똘똘 뭉친 멸망 받을 존재임을.
주님 발 앞에 엎드려
그저 뜨거운 회개의 눈물을 흘릴 뿐.

걱정 인형

둘 뿐인 자식
온갖 걱정을 떠안고 있다.

부질없는 걱정 인형처럼.

오늘 걱정은
오늘로 끝.

내일 일은
내일이 걱정하게 내버려두고 푹 주무세요.

올는지 못 올는지도 모를
내일일 텐데.

트리거

아차!
에구머니나!

마음 깊숙이 이성과 체면으로
꽁꽁 싸매놨던 보따리가 순간 풀려 버렸습니다.

시기, 분쟁, 미움, 다툼, 질투….

방아쇠.
도화선.
기폭제.

태어날 때부터
똬리 틀고 있었던 뇌관이 터진 것일 뿐.

고장 난 시계

멈춰버린 시계

거미줄 잔뜩 처진 창고 구석에
처박힌 기억조차 없는 시계

변함도 없으시고
회전하는 그림자도 없으신 아버지.
하나님 시계는 멈춘 적이 없다.

"사랑하는 자들아, 주께는 하루가 천 년 같고 천 년이 하루 같다는
이 한 가지를 잊지 말라 주의 약속은 어떤 이들이 더디다고 생각하는
것 같이 더딘 것이 아니라, 오직 주께서는 너희를 대하여 오래 참으사
아무도 멸망하지 아니하고 다 회개하기에 이르기를 원하시느니라"

고슴도치

바짝 털 세우고
콩알만 한 코로 킁킁대며 달려온다.

손 내빼기에 급하다.

천국에는
날 선 백성이 있다는 것을 찾아보지 못했다.

신경 곤두세운 이들이여
날을 내리자
내린 날마저 무뎌지게 갈자.

푹신한 양털처럼.

가장 슬픈 것

머리로는 이해해도
느끼지 못하는 마음.

생전에 뼛골 바쳐
자식만 뒷바라지하신 부모님 사랑.

독생자 아들을
내 모든 죄를 대신하여
십자가에 희생 제물 삼으신 하나님의 사랑.

사랑은 머리가 아니라 마음일 터인데….

강퍅한 제 마음에 성령님이 임하셔서
뜨거운 사랑에 내내 통곡하게 하소서.

우연과 필연

창조주 하나님이 없다면?
온 우주와 은하계와 지구가
우연에 우연의 산물이고,
나는 우연히 태어났고
어디로 가는지도 모르는 한 줌의 흙이라고?
타고난 사주팔자라도 좋길 바라고
오늘도 운수 대통하길 막연히 기다리며
삼라만상에 치성이라도 드려야겠지.

하나님이 있다면?
모든 것의 주인이신 그분이
태초부터 지금까지 예정된 언약대로 운행해 오셨고,
곧 예정대로 역사의 문이 영원히 닫힌다면?

눈앞의 세상을 넘어
보이지 않는 세상까지
떨림과 후들거림으로 볼 수밖에 없을 텐데···,

뚱딴지

언행이 상식적이지 않을뿐더러
도저히 이해 불가다.

어떻게 저렇게 생각하고, 행동할 수 있을까?
꼬리에 꼬리를 무는 황당에 또 황당.

그런데도,
우리는 뜨겁게 사랑해야 한답니다.

왜???
Why not???

그냥,
Just.

사랑은 허다한 죄를 덮고,
더 엄청난 나의 죄가 용서받았기 때문이지요.

3부

그대여, 소망하라

주인

사탄이 우는 사자처럼
두루 다니며 삼킬 자를 찾는다.

낙심한 자,
방심한 자,
겁먹은 자를
잔뜩 움켜쥐고 갈기갈기 찢어놔도

세상 끝까지 찾아오시는 주님.

겁에 질려 주님을 저주하고
심히 통곡했던 베드로를
다시 찾으시고 사명을 부어주신 주님.

어제나 오늘이나 영원토록 동일하신 주님.

왜???

가족을 위해 기도하라
찢기는 고통으로
당신 맘에 회한이 서리지 않게

이웃을 위해 기도하라
당신이 선한 이웃과 만날 수 있게

국가를 위해 기도하라
당신의 평온한 삶을 위해

세계를 위해 기도하라
그들의 고통이 당신 삶에
도미노 위기로 닥쳐오지 않게.

장대비

내 마음에 임하소서

성령님이시여

폭우에 흘러넘치는 강물처럼

애통의 마음을 보시고
불같이 역사하여 주소서

진홍빛 같은 내 죄를 태우사
흰 눈처럼 정결하게 하소서.

주님을 인생의 왕좌에 모셔드리고
온전한 순종으로 동행의 삶이 되게 하소서.

죽은 자

잘 먹고
잘 마시고
잘 놀아도

죽어있는 자

행복의 기쁨을 주체 못해
환호의 목청이 멀리멀리 퍼져도

멸망의 문에
더 가까이 다가가고 있을 뿐

예수 그리스도를 믿지 않는 자

낙점

덥수룩한 수염
험악한 눈빛
진동하는 비린내

수제자로 선택받은
뱃사람 베드로

타오르는 열정 외에
무엇이 더 필요하리오.

만유의 주인이신 주님께

밤낮 수많은 빈 그물을 건지며
진리를 낚고자 연단 받은 자.

빅픽쳐

흉년에 잘살아 보겠다고
바리바리 짐 싸 갔던 모압땅
남편, 아들 둘도 잃고
며느리 룻과 돌아오는 나오미

마음도,
영혼도 털리고.

텅텅 빈털터리.

입에 풀칠할 걱정으로 잠 못 이루는 밤

하나님의 큰 그림이
이미 설계 되어있는 베들레헴

메시아 가문.

눈엣가시

사백오십 명의 바알 우상숭배자
눈엣가시 여호와의 선지자 한 놈
씨 말릴 생각에 흥분의 도가니 갈멜산.

제단 주위를 돌며 춤추고
창칼로 몸에 피 흘려가며
바알을 외쳐 부르는 광란의 파티.

아무 소리가 없고,
아무 응답도 없다.
돌아보는 자도 없다.

비로소 몸을 일으켜
물로 번제 단과 도랑에 흥건히 채우고
하늘을 우러러 기도하는 엘리야.

여호와여
홀로 참 하나님 되심을 나타내소서

하늘에서 쏟아지는 불로 즉시 응답하신 하나님.

실오라기

귀신에 들려
물과 불에 자주 던져진 아들
실오라기라도 붙잡고자
절망에 흐느끼는 아비.

"무엇을 하실 수 있거든,
우리를 불쌍히 여기사 도와주옵소서."

"할 수 있거든 이 무슨 말이냐?
믿는 자에게는 능히 하지 못할 일이 없느니라."

단호하신 주님의 음성
발 앞에 꼬꾸라지며 부르짖는 소리.

"내가 믿나이다.
나의 믿음 없는 것을 도와주소서."

제발.

빚쟁이

오늘은
기필코 뭉텅이로 받아내겠다며
단단히 채비해 나선다.

거금을 떼인 것처럼
원망하며 부르짖을 때,

졸라대는 목소리를 외면치 않으시고
줄기차게 성가신 기도에 확신을 주신다.

피로 산 주님의 자녀이기에.

파랑새

때론

불신하고
원망도 하며

항해 끝에서
기다리실 주님을
간절히 바라며
나아가기에 바빠

내 안에 계셨던 주님을
알지 못했을 뿐.

격랑에 휩쓸려
사투를 벌이는 동안
줄곧 나와 같이 계셨던 주님.

WHO ARE YOU?

우주 만물의 창조자

태초부터 이 세상 끝 날까지
모든 역사의 주권자

장차 다가올 영원한 나라의 통치자

만유 위에 충만하심으로
어떤 형상, 어떤 솜씨로도
감히 표현할 수 없는 분.

"스스로 있는 자."

"I AM WHO I AM."

대면

쏟아지는 물 폭탄
대포처럼 연발하는 천둥
칠흑 어둠이 내린 들판.
사방을 찢는 번개에
저 멀리 드러나는 수평선

홀로 서 있다.
죽음마저 각오한 채.

번개와 우레를 쏟으시는
하나님 권능 앞에 사로잡혀 버린 두려움.
달리는 굉음 속에서도
숨길 수 없는 하나님의 인자하신 숨결.

주님, 제가 여기 있습니다.

죽이시든 살리시든
낮추시든 높이시든
주님의 뜻을 이루소서.

1+∞ 〉〉〉〉〉 10-∞

이스라엘 군중에게
가나안 땅 정탐 결과를 보고하는 열두지파 대표
주목하여 모조리 듣고 계시는 하나님.

아브라함 때부터 약속하셨던
언약의 땅을 바로 코 앞에 두고,
이집트 노예 생활로 돌아가겠다며
울부짖는 이스라엘 민족.

"그들은 우리의 밥이라!!"

믿음의 테스트를 통과한 용사는
오직 여호수아와 갈렙.

귀에 들린 대로 행하시며,
순전히 믿고 따르는 자를 통해
하나님 나라의 역사를 성취해 가시는 분.

깊은 속마음이 말로 표출되며,
내뱉은 모든 말들이 녹음되고 있다는 것을 아는가?

구유

작은 시골 동네
다윗의 고향

베들레헴

강보에 싸여
구유에 놓인 아기

메시아 표징

하나님 최상의 선물
외아들 아기 예수

저 멀리 타국에서 찾아온
양치기 목자와 동방 박사 경배를 받으신 분.

"나를 간절히 찾는 자가 나를 만날 것이요."

Great Commission

목숨을 내려놓고
대륙을 넘나들었던 주님의 제자들.

유럽으로 향했던 사도 바울의 배

사명으로 부름을 받아
문명이 닿지 않는 곳으로
지금도 발을 들이고 있는 주님의 일꾼들.

가장 위대한 지상 명령

"모든 민족을 제자로 삼아
아버지와 아들과 성령의 이름으로 세례를 베풀고
내가 너희에게 분부한 모든 것을 가르쳐 지키게 하라."

웨이팅

유명 맛집 찾아
비행기 타고 가서
몇 시간도 줄 서면서

주님의 때는 왜 안절부절인가?

요셉은 십삼 년,
모세는 사십 년,
예수님은 삼십 년.

간절한 기도로,
최소 일 년이라도 기다려 보자.

주님은
우리의 연약함과 악함을 이미 알고 계시니.

지금은

세상의 온갖 실타래 엉킴에
지혜로운 분별력을 가져야 합니다.

재미로 혼미한 곳에서
발 빼고 마음을 지켜야 합니다.

혼합된 혼탁한 일상에서
여호와의 말씀을 순결하게 따라야 합니다.

예수 그리스도를 모르는 자들에게
때를 얻든지 못 얻든지 더욱 전해야 합니다.

천사장 나팔 소리로 구름 타고 오실 주님
맞이할 날이 더욱 가까워졌기 때문입니다.

슬피 울며 곡할 날이 더 가까이 이르렀기 때문입니다.

Cast

주님께 던져라.
잔뜩 움켜쥔 키를.

모두 잃어버릴까,
전부 빼앗길까

벌벌 떨지 말고
눈 질끈 감고 던져라.

우둔한 인간아

거친 풍랑 가운데
키를 잡고 운전하시는 주님.

창조주의 권능 아래
순간 잠잠해진 바다가 보이지 않는가?

살구 열매

아론 지팡이에서만
움이 돋고 꽃핀 후 살구 열매가 열렸다.

"아론 지팡이를
증거궤 앞에 간직하여
패역한 자에게 표징(sign)이 되게 하라."

하나님 주권에 대적했던 수많은 무리
땅의 입을 열어 산 채로 음부에 삼키게 하셨다.

당신은 만물의 창조자
나는 형질이 먼지인 피조물.
당신은 토기장이
나는 토기장이가 빚은 그릇.

각기 쓰임대로 빚어진
금, 은, 동, 흙 그릇이 있고,
부서지고, 깨뜨러진 그릇이 있을 뿐.

천성문

형형색색 만발한 꽃밭
천국인가 싶어 한숨 자고 일어나니

가파른 암석 등반길

물도 길도 없어
눈물로 오르는 길

가까운 듯 뛰어가면
아득히 멀어져 버리는 천성문

두려움을 밀어내고
소망을 붙들며
인내로 버텨야 한다.

빈 그릇

상식을 접고,
능력을 내려놓고,
편견을 버리고.

비우고, 또 비우고.

주님만 바라보며
온전히 맡기고 나아가자.

갈 바를 알지도 못하면서
하나님 말씀에 순종하여
머나먼 타국 땅을 향했던 아브라함처럼.

"Now faith is confidence in what we hope for and assurance about what we do not see."

계획된 노예

17세 귀공자를
이집트 노예로 팔기 위한 하나님 계획.

친엄마는 어릴 때 돌아가시고,
유일한 친동생은 너무도 어리고.
아버지의 유별난 편애에,
두 번이나 어이없는 꿈까지 주셔서
열 명 형님에게 살인 충동의 미움을 받다가

아버지 심부름하던 중
결국엔 노예로 팔려 버린 요셉

타국에서 혈혈단신 고아.

비로소 요셉의 삶을 적극 간섭하신 하나님.

총체적 합작품

하루하루 옥살이로 연명하며
이제나저제나 목 빠지게 기다려도
꽉 찬 이 년간 무소식.

비정한 술 관원장
야속한 하나님.

바로로 흉몽을 두 번이나 꾸게 하시고,
술 관원장으로 생각나게 하시고.

급박하게 불려 가는 요셉
하루아침에 애굽의 이인자 총리.

십삼여 년 전
소년의 허무맹랑한 꿈을 완벽히 성취하신
하나님의 열심.

방주

사십 주야를
비로 땅에 쏟으시고
백오십일을
물로 넘치게 하신 하나님.

닻도, 키도 없이
이리저리 떠다니는 방주

보이는 건 성난 물살뿐
엄습하는 공포감.

하나님 말씀을 믿으며
기다리는 노아.

이제나저제나
비를 그치게 하시고
땅 마르게 하실 날을.

광야

물도 양식도 없고
불볕더위와 추운 밤,
전갈과 불뱀만 가득한 곳.

순종이 테스트 되는 곳.

하나님의 돌보심이 없다면
한 시도 살아남을 수 없는 곳.
오로지 하나님만 바라봐야 하는 곳.

나의 광야는 어디인가?

"사람이 떡으로만 살 것이 아니요.
하나님의 입으로부터 나오는 모든 말씀으로 살 것이라."

회개합니다.

가족과 부모 형제가
잘될 거라는 막연한 교만함에
영적 해산의 고통을 애써 피해 왔음을.

당장 기도 응답받지 못함에
합력하여 선을 이루시는 하나님을
끝없이 의심하며 원망했음을.

입술과 마음을 감찰하시는 주님을
교회당에 가둬버리고
죄악의 행동으로 일관했던 삶을.

세상살이에 젖어
내 건강과 감정을 최고로 여기며
주님 명하신 지상 명령 성취에 소홀했음을.

회개합니다.

큰 용사

블레셋인을 피해
숨죽여 포도주 틀에
밀 타작하는 기드온

큰 용사여,
여호와께서 너와 함께하시도다.

큰 용사라니…

양털만 흠뻑 젖고 주변은 메마른 땅.
양털만 마르고 주변은 이슬에 젖은 땅.

두 번이나 눈높이 교육을 하시고,
꿈과 해몽으로 용기를 주시는 하나님.

삼백 인을 진두지휘하며 나아가는 큰 용사.

foreshadow

아브라함과 언약을 기억하시고
고통받는 이스라엘을 위해
열 가지 대재앙으로
오직 여호와만이 참 신이심을 선포하신 하나님.

애굽에 속한 장자와 가축 첫 소생은
모두 죽임을 당했으나,
어린양의 피를 바른 이스라엘 집은
죽음의 사자가 문지방을 넘지 않고 비켜 갔으니

천오백 년 후에 이어질 거대한 복선

유월절 어린양이신 예수 그리스도
모든 죄를 대신하여 십자가에 피 흘림으로
이를 믿는 자마다 하나님의 자녀 삼으시고,
태초 전부터 예정하셨던 하나님의 사랑을 완벽히 드러내셨으니,

그 누구도 변명치 못하리.

빈 방

예수를 믿어달라
부탁하거나 애원하지 마세요.
세상 것으로 가득해
예수님 받아들일 마음의 방이 없답니다.

허름한 차림새에 지친 부부
만삭에 숨찬 마리아를
쉬게 할 방이 전혀 없어
마구간 구유에서
예수 그리스도가 태어났던 성탄 밤처럼요.

복음을 간절히 기다리는 곳,
죄인임을 통탄하며 구원의 소식에 감격할 곳,

거기로 갑시다.

전과 후

전에는 혼돈과 무질서더니
이젠 주님의 기막힌 섭리를 기다립니다.

전에는 공허에 몸부림치더니
이젠 충만함으로 가득합니다.

전에는 미움과 증오가 앞장서더니
이젠 용서와 사랑을 훈련합니다.

전에는 논리로 무장한 이성이더니
이젠 긍휼과 배려를 배웁니다.

전에는 내가 전부이더니
이젠 주님이 전부가 되십니다.

비둔한 자

하나님께 재물 드리기 전에
가장 좋은 부분을 먼저 탈취하고,
회막문에서 수종 드는 여인과 동침하며,

그저 자기 눈에 좋은 대로 행하는
여호와를 알지 못하는 두 아들.
어찌지 못해 방치하는 엘리 제사장.

폭발하신 하나님.

"영원토록 네 집안에 노인이 없을 것이며
두 아들이 같은 날 죽을 것이다."

아들들의 전사 소식에 비대한 몸이 의자에서 넘어져 목이 부러졌다.

"나를 존중히 여기는 자를 내가 존중히 여기고
나를 멸시하는 자를 내가 경멸하리라."

지팡이 한 자루

진동하는 말발굽 소리
매서운 마병의 고함
구름떼처럼 몰려오는 병거 부대

엄습하는 죽음의 공포
바들바들 떠는 품에
꽉 안긴 아이들.

"애굽에 매장지가 없어
여기까지 끌고 와서
칼로 찔러 죽이려 하느냐?"

천지를 울리는 원망의 울부짖음.

넘실대는 홍해 앞
지팡이 한 자루에
홀로 서 있는 모세.

주님, 지금의 이 상황을 어찌하시렵니까?

"지팡이를 들고 손을 바다 위로 내밀어
갈라지게 하라."

큰 동풍으로 밤새도록
바닷물을 물러가게 하신 여호와 하나님.

오직 여호와만이 영광과 위엄과 능력으로
온 세상에 영원토록 찬양받으소서.

나봇 포도원

하나님의 명령이니
조상의 기업을 팔 수 없습니다.
타협의 여지가 전혀 없는 굳건한 나봇.

드넓게 펼쳐진 반짝이는 초록 잎사귀 틈에
탐스러운 검붉은 포도송이.
탐욕의 영에 사로잡혀
밤새 잠 못 이루며 곡기까지 끊어버린 왕

거짓증인 둘을 세워
돌로 쳐 죽인 후 포도원을 선물한 왕비.

부창부수.

필경 흉악한 죽음으로 하나님 심판을 당한 아합과 이세벨.

죽음

상처로 짓무른 곳을
개들조차 달려와 핥고
잔칫상에서 떨어진 부스러기로
허기를 채운 거지 나사로.

누구에게나 공평한 죽음.

커다란 구렁텅이를 사이에 둔 천국과 음부

타오르는 불꽃 가운데
아브라함 품의 나사로를 보며
혀에 서늘한 물 한 방울을 애원하는 부자.

영원한 갈림.

무한의 지속.

양날의 검

다니엘의 죽음과 바꾼 기도는
굶주린 사자의 입을 틀어막고,
맹렬히 타는 풀무 불에도
머리카락 한 올 상하지 아니하였으며

재산과 가족을 모두 잃고
악창을 기와 조각으로 긁으며 부르짖었던 욥은
하나님이 만나주시고
갑절의 복을 주시지 아니하였는가?

고통의 기도와 하나님의 역사는 비례하나니
고통이 커질수록 하나님의 강력한 임재하심을 기대하라.

고난은 가려진 축복.
사지가 편한 연단은 없으니.

저승사자

끝이 다른 이들
이단.

하나님의 영광을 욕되게 하고
그리스도의 귀한 피를 더럽히는 자.

"한두 번 훈계한 후에 멀리하라."

하나님의 나라를 유업으로 받지 못하고
멸망을 스스로 취하는 자.

에덴동산의 하와를 물고 늘어졌던 뱀처럼
멸망으로 같이 끌고 가려
살며시 끈덕지게 유혹하는 자들.

저승사자.

저주

"오, 아버지
왜 나를 버리시나이까?"

나무에 매달린 자.
하나님의 저주를 받은 자.

모든 죄를 뒤집어쓰시고
아버지 징계를 홀로 감당하시는 주님.

심판의 분노로
태양도 빛을 잃고
암흑에 묻혀버린 천지.

아버지께 외면당하고
음부까지 낮아지시는 주님.

깨뜨리소서!!!

타성에 젖어버린 말씀이 아닌
혼과 영과 관절과 골수를 찔러 쪼개
변화된 그리스도인으로 살게 하소서.

시간 채우기 숙제의 기도가 아닌
주님과의 긴밀한 사귐으로
임재 안으로 더 가까이 들어가게 하소서.

세상 음정에 절절한 찬송이 아닌
주님을 향한 열정적인 울림이 되어
존귀와 영화로 홀로 경배받으소서.

남을 의식한 짐이 된 봉사가 아닌
주님의 뜨거운 사랑을 표현하는 작은 손이게 하소서.

사회생활의 연장인 교회가 아닌
주님 흘리신 십자가 피로 끈끈히 뒤엉킨 한 몸 되게 하소서.

선한 이웃

피 흘려 죽게 된 자를
대제사장도, 레위인도,
유대인도 지나쳐 버리고

개 취급받던 사마리아인이 보살폈다.

안락함을 최우선시하며
나 중심으로 움직이는 나!

귀찮아서,
두려워서,
돈과 시간을 아끼느라,

여지없이 얼굴을 돌리고 못 본 척 지나치고 있지 아니한가?

가난

가진 게 많을수록
절실한 도움이 필요치 않지만

궁핍할수록
간절한 기도밖에 없으니

고아와 과부를 돌보시는 하나님의 약속을 믿으며
주님께 간절히 부르짖자.

어차피 스스로 한 시간도 생명을 연장할 수 없고,
수많은 머리카락 중에서 한 터럭도 희거나 검게 할 수 없잖은가?

사면초가일수록
하나님 은혜로 한 방에 들어갈 수 있는 통로가 열려있으니

양자택일.

난공불락

과연 이게 되겠는가?

극T 이성을 죽이고
온전한 말씀 순종으로
하루, 이틀, 사흘,…
칠 일째 날까지 돈다.
칠 일째는 일곱 번이나.

저 넓은 성 둘레를 침묵으로.

우렁찬 함성에
와르르 무너지는 여리고 성

하나님의 전쟁.

"싸울 날을 위하여 마병을 예비하거니와 이김은 여호와께 있느니라."

토로

하루의 슬픔과 분노를 주님 앞에 쏟아내라.
하루의 기쁨과 감사를 환호성으로 주께 드려라.

코인 노래방, 애니, 피씨 게임에
빠져봐도 껍데기 위로뿐.

점점 더 공허해지는 마음에
세월을 낭비한 흔적들뿐.

희로애락을 매일 깊이 나누다 보면
내 마음 안에 계신 주님을 보게 되어

온갖 두려움이 범접하지 못하며
내일은 기대하는 설렘으로 가득하리.

계주

주님을 위해
재산과 직장과 목숨마저 내어놓는 자.
가장 불쌍한 자처럼 보이는 자.

이 세상을 떠난 후에는
부활의 첫 열매 되신 주님을 따라
천사처럼 변화될 것을 믿기에
이 세상에 미련이 일도 없는 자.

나방에서 나비가 오르고
죽은 나무에서 벚꽃이 피듯이

장차 하나님 나라에서
영원한 상급이 있는 줄 알기에
가난도, 고난도 개의치 않고
복음을 위해 달려가는 자들.

참새 두 마리

참새 두 마리가
한 앗사리온에 팔리는 것도 주목하시는 주님.

골짜기에 피어있는 흰 백합화도,
아궁이에 던져질 들풀도 돌보시는 주님.

머리털까지 세신 바 되었고
많은 참새보다 귀하니
두려워하지 말라고 말씀하신 주님.

빼박

수많은 이적과 기사에도
하늘로서 내려온 표적을 간구하는 무리들.

포효하는 바닷물에 던져져
고래 뱃속에 삼 일간 갇혀있다가
세상 밖으로 토해진 요나의 표적.

당신의 육체인 이 성전을 헐면
사흘 안에 일으키시리라고 말씀하신 주님.
십자가 죽음 뒤 사흘 만에
사탄의 사망 권세를 깨뜨리시고
부활하셔서 하나님의 외아들 되심을
온 예루살렘에 증명하신 주님.

모세와 시편과 선지자들 예언대로
역시나 세상 끝에도 도적같이
온 천하 만민의 눈앞에 임하시리니.

종착지

좋은 대학 못 가고,
좋은 직장 못 다니고,
좋은 집도 없고…,

세상에서 실패한 패잔병처럼 보여도

주님 안에서 형통한 자로
주님께 점점 더 가까이 가고 있다면
당신은 영원한 승자입니다.

최종 목적지는
아침 안개처럼 없어질 이 세상이 아니라,

영원무궁토록 지속될
하나님 나라이기 때문이지요.

중대 질문

죽은 자들이 어떻게 다시 살아나?

아담 안에서 모든 사람이 죽은 것 같이
그리스도 안에서 모든 사람이 삶을 얻어요.

밀과 다른 알맹이가 뿌려져 썩은 후
하나님이 그 뜻대로 각 종자에게 주신 형체로 자라듯이
죽은 자의 부활도 그런 이치에요.
썩을 것으로 심고 썩지 아니할 것으로,
욕된 것으로 심고 영광스러운 것으로,
약한 것으로 심고 강한 것으로,
육의 몸으로 심고 신령한 몸으로 다시 살아나요.

마지막 나팔에 홀연히 다 변화되어
죽은 자들이 썩지 아니할 것으로 다시 살아나고,
우리도 순식간에 변화되어요.
사망을 삼키고 이기리라고 기록된 말씀이 이루어지지요.

천국의 그림자

새 하늘과 새 땅 아래
하나님의 장막이 우리와 함께 있고
하나님이 친히 우리와 함께 계셔
모든 눈물을 닦아주시고
사망, 애통, 아픈 것이 없는 곳.

하나님과 어린 양의 보좌로부터
생명수 강이 나와 길 가운데로 흐르고
강의 생명나무가 달마다 열매를 맺고
그 잎사귀들은 만국을 치료하는 곳.

우리가 그를 섬기며 그의 얼굴을 보고
하나님이 우리에게 비치시니 햇빛이 필요 없고
우리가 세세토록 왕 노릇 하는 곳.
오직 어린 양의 생명책에 기록된 자들만 들어가는 곳.

*요한계시록 21~22장 일부를 인용함.

세상 끝에는!!!

근신하여 깨어 있으라.

번개가 동에서 서쪽으로 번쩍임같이
천사장의 소리와 하나님의 나팔 소리로
우리 주님 구름 타고 오시리니.
그날과 그때는
하늘의 천사들도, 아들도 모르고,
오직 아버지만 아실 뿐.

어렴풋해도 분명한 최종 힌트 하나.
모든 민족에게 복음이 전파되면
그때야 세상의 끝이 오리라 말씀하셨으니.

노아가 방주로 들어간 후에도
홍수로 다 멸망 당할 때까지 깨닫지 못했던 자들을 기억하자.

하늘과 땅은 사라져도
주님의 말씀은 없어지지 않고 다 이루신다는 말씀을 잊지 말자.

감사의 글

감사합니다.

내게 주신 모든 것을.
내 주변에 베풀어 주신 모든 것을.
수많은 위험한 고비를 넘기고 살아있는 이 순간을.

엄마 리프레쉬(Refresh) 작업에 계속 격려해 준 사랑하는 딸과 아들, 남편.
시 작업이 잘 되길 기도하며 이모저모로 정성을 기울여 준 엄마와 형제들,
자그마한 맘을 모아준 소중한 조카들.
말씀과 기도 안에 머물며 끊임없이 주님의 임재 안으로 더욱 가게 해주신
신반포교회 홍문수 담임목사님을 비롯한 교역자님들과 많은 성도님들.
시를 쓸 수 있는 많은 영감을 준 주변 친구들과 직장 터전의 동료, 학생들.

봄 여름 가을 겨울이 뚜렷한 아름다운 이 한국에서 살게 하시고

전쟁과 큰 기근이나 재난 없이 순탄한 삶을 살게 해주셔서
시와 그림을 맘 가는 대로 습작할 수 있게 해주신 하나님♡♡♡

감사의 글을 쓰고 있는 4월의 그 어느 날에도
봉우리 진 튤립과 이제 피기 시작한 철쭉을 보며
여물어가는 봄기운을 실어 하나님을 노래(Song El)하고 있습니다.

이 글을 읽는 모든 분이 하나님과 화해하고
주님 안의 담대함과 평안함 속에서 새롭게(Refresh) 되시길 기도합니다.
이 아름다운 지구에서 머무는 동안에,…

2025. 4. 15.

송 엘 드림

리프레쉬

2025년 6월 23일 초판 발행

지 은 이 | 송 엘
펴 낸 곳 | 지엔피북스
등   록 | 2010년 1월 27일 제2012-000185호
주   소 | 경기도 파주시 월롱산로 124-1(야동동) 1동, 2동
전   화 | 02) 6203-1532
팩   스 | 02) 6203-1533
웹사이트 | www.gnplink.com

펴 낸 이 | 황순신
출판·인쇄 | (주)지엔피링크

한국어 출판권 ⓒ 송 엘 (저작권자와 맺은 특약에 따라 검인을 생략합니다)

ISBN 979-11-88307-13-5(03800)

값 15,000원

> 이 도서의 국립중앙도서관 출판예정도서목록(CIP)은 서지정보유통지원시스템
> 홈페이지(http://seoji.nl.go.kr)와 국가자료공동목록시스템(http://www.nl.go.kr/kolisnet)에서
> 이용하실 수 있습니다.(CIP제어번호: CIP2019008603)

이 책은 저작권법에 따라 보호를 받는 저작물이므로 무단 전재와 복제를 금지하며, 이 책 내용의 전부, 또는 일부를 이용하려면 반드시 저작권자와 (주)지엔피링크의 서면 동의를 받아야 합니다.